Reinhold Tebtmann

Dallos
Verssuchungen

Zum Buch

In diesem Buch findet man Sprüche, kurze
Gedichte und Klugscheißereien zu
vielen Lebenssituationen.

Zum Autor

Reinhold Tebtmann, geboren 1949 in Münster,
schreibt seit etwa 60 Jahren Liedertexte
sowie lustige und kritische Gedichte.

Reinhold Tebtmann

Dallos
Verssuchungen

Für alle
Maulhelden
Klugscheißer
Neunmalkluge
Dummschwätzer

Bibliografische Information der Deutschen Nationalbibliothek:
Die Deutsche Nationalbibliothek verzeichnet diese Publikation
in der Deutschen Nationalbibliografie, detaillierte bibliografische
Daten sind im Internet über http://dnb.dnb.de abrufbar.

©2021 Reinhold Tebtmann
Herstellung und Verlag: BoD - Books on Demand, Norderstedt.

978-3-754-35118-5

Dass ich nicht mehr dichte – war

Mein Vorsatz für das 'Neue Jahr'

Doch ganz egal ob ernst ob heiter

Der Bauch schreibt einfach weiter

Inhalt

Menschliches

und

Unmenschliches

Ich wollte Respekt

Nie Liebe und Verständnis

Zwar bin ich einer der aneckt

Doch geht's um Anstand und Fairness

Eines wollte ich nie

Streiten um zu streiten

Erniedrigung war nie mein Ziel

Ich wollte meine Meinung verbreiten

Einige sind flexibel

Andere sind sehr steif

Steif sein ist oft von Übel

Flexibel - manchmal nur unreif

Beides hat Klasse

Manches geht zu weit

Doch ist - was ICH hasse

Flexibilität als Rückgratlosigkeit

Lachend ruft ER

Du bist hässlich und dick

Das Leben ist zu dir nicht fair

Das sieht man doch mit einem Blick

Da strahlt SIE ihn an

Und sie spricht von Magie

Dicksein ist zu ändern - Mann

Nur Dummheit - die ändert sich nie

Meine Welt wird kalt

Ich meine nicht das Klima

Nein – ich spreche von Gewalt

Ich fühle es wird täglich schlimmer

Früher lernte ich Respekt

Das Wort ist längst gestorben

Und Empathie ist auch verreckt

Wer nach oben will - muss morden

Ich stehe im Lift

Ein Mann steigt dazu

Und er stinkt wie versifft

Er grüßt und er lächelt mir zu

Ich grüße zurück

Und weil ich verstehe

Die Zeiten sind verrückt

Furze ich in den Lift und gehe

Bleib auf dem Teppich

Sagt sie sehr gerne zu mir

Doch meint sie damit eigentlich

Sei still - behalt deine Meinung bei dir

Ich grüble eine Weile

Welchen Teppich meint sie

Ich mag nicht diese Werturteile

Und auf IHREM Teppich stand ich nie

Manche haben Opfer - Gene

Durch Weiße werden sie gemacht

Arme oder Schwarze oder Indigene

Haben weder Lobby noch haben sie Macht

Betrogen - gefoltert – vertrieben – getötet

Der Weiße kommt mit Geld und Gott

Hat er dann alles ausgebeutet

Bleiben Elend und Tod

Leute wie ich ecken an

Rechthaben um jeden Preis

Ausdiskutieren wenn man es kann

Nie zufrieden bis man es besser weiß

Manche wird es nerven

Und einige laufen sich heiß

Kommen dann an ihre Reserven

Und ich liebe mich – weil ich es weiß

Von zwei drei Gläsern schmerzt der Kopf

Vielleicht waren es ja auch Flaschen

Dann denke ich: Du armer Tropf

Du musst das Trinken lassen

Geläutert sage ich zu mir

Nie wieder trinke ich Alkohol

Doch bleibt in mir das erste Bier

Dann fühlt mein Kopf sich wieder wohl

Einige Leute kenne ich

Die Meinungen nicht ertragen

Sie spüren es schon körperlich

Fast so - als würden sie geschlagen

Widerspruch ist Sünde

Weltbild ist das eigene Ego

Für Gewalt finden sie Gründe

Ihre Meinungsfreiheit ist ihr Credo

Huldigungen sind euch sehr wichtig

Da tanzt in euch das Adrenalin

Beifall macht euch süchtig

Es lebe das Dopamin

Andere die bedeuten

Die Sicherung eurer Macht

Zwar trefft ihr euch mit Leuten

Doch nie gebt ihr auf Menschen acht

Sie reden zu laut

Am Tisch an der Wand

Sie wollen dass man schaut

Und halten sich für interessant

Fühlen sich wichtig

Eltern – Tochter – Sohn

Nach Anerkennung süchtig

Die Aufmerksamkeit ist ihr Lohn

Manche der Probleme

Sind nur Schall und Rauch

Und so manche geweinte Träne

Wird zum Kommunizieren gebraucht

Manche der Tränen

Tragen eine Information

Und weil Männer sich schämen

Ist sie schlecht - die Kommunikation

Wieder zum Zahnarzt

Und wie immer diese Angst

Die du Hirn mir nicht ersparst

Mit der du Tapferkeit abverlangst

Dieser teuflische Kreis

Erst Furcht - dann Euphorie

Vom Buben bis zum Tattergreis

Mein Zahnarzt tippt auf 'Dysphorie'

Jeder steht irgendwo im Mittelpunkt

Vielleicht lebst du sogar in deinem

Und bist du mit Gott im Bund

Stehst du halt in seinem

Einigen ist es nicht genug

Dein Mittelpunkt ist ihr Leben

Deine Erniedrigung ihr Höhenflug

Menschliche Götter sind nie zufrieden

20 lose Menschenzungen

Aufgeteilt in Frau und Mann

Frauen spielen hier die Dummen

Der Mann - den Mann der alles kann

Angeregte Diskussionen

Nie zwischen Frau und Mann

Es kommt erst wieder zu Fusionen

Wenn er den Mann ihr beweisen kann

Der Raucher kriegt

Darauf kann ich wetten

Weil es nette Raucher gibt

Beim Entwöhnen - Zigaretten

Bist du mal schlank

Ruft man laut: Anorexia

Sie behaupten du bist krank

Und mästen dich in der Pizzeria

Aus der Kneipe seh ich das Treiben

Der jungen Leute - wie im Zoo

Sie verstecken oder zeigen

Bauch - Beine und Po

Enthüllen und betonen

Kaschieren und vertuschen

Kleider täuschen die Neuronen

Einige stolzieren - andere huschen

Oft hast du geweint

Ob wichtig oder nichtig

Immer war ein Ziel gemeint

Und es war vergnügungspflichtig

Spar dir die Tränen

Du lügst mir ins Gesicht

Tränen dienen deinen Plänen

Zu viel Schatten und kein Licht

Es gibt Gedankenschleifen

Niemand will damit erwachen

Die durch die Gedanken streifen

Und Tag und Nacht zur Hölle machen

Träume gibt es schöne

Doch diese Träume erwarten

Dass man sich nie daran gewöhne

Weil Gedankenschleifen sie entarten

Manchmal umarme ich die ganze Welt

Manchmal liebe ich sogar Bielefeld

Dann will ich in Frieden ruhen

Niemand kann mir Böses tun

Doch ich nehme mit ins Grab

Narben - die mir das Leben gab

Manchmal blick ich zurück im Zorn

Und verfluche - dass manche geboren

Wenn ich dir sage: Ich finde dich dumm

Dann bist du ganz zu Recht empört

Jeder nimmt das jedem krumm

Weil es sich nicht gehört

Diese Empörung gilt für alle Bereiche

Doch weiß ich dass es nicht so ist

Sag ich Asamoah das Gleiche

Dann bin ich ein Rassist

Respekt – den muss man sich verdienen

Das vertrittst du schon seit Jahren

Respekt als Belohnung verliehen

Menschenrechte als Waren

Respekt ist wie die Freiheit

Wir werden alle damit geboren

Grundrechte sind keine Möglichkeit

Meinen Respekt – den hast du verloren

Du redest fast wie ein Fisch vom Fliegen

Mit Selbstgefälligkeit und ohne Wissen

Die Worte die du plapperst – wiegen...

...viel schwerer ohne ein Gewissen

Wenn du um dich selber kreist

Weil Kreisel angeblich nicht wanken

Sage ich dir heute – damit du es weißt

Nie warst du Gastleser in meinen Gedanken

Ich war schon immer so

Ab und zu nehm ich ab und zu

Perfekt der Effekt wie ein Jo-Jo

Mein Gesamtgewicht war immer tabu

Hosen - die mir passen

Kilos - die nicht runterziehn

Kräfte - die mich nicht verlassen

Ja - Schlanksein wär zum Niederknien

Heut hab ich nicht geduscht

Zahnpflege habe ich verpfuscht

Als Frühstück hab ich Bier getrunken

Den ganzen Tag nur nach Mann gestunken

Nahm Eis und Chips so viel ich wollte

Und Koks und Pillen bis es knallte

Rosi kam noch für die Nacht

Dann bin ich aufgewacht

Du hast eine Meinung seit vielen Jahren

Kannst andere Ansichten kaum ertragen

Hast dir lange keine Gedanken gemacht

Schon Jahre nicht darüber nachgedacht

Werte ändern sich und auch Geschichte

Argumente bekommen andere Gewichte

Dein Meinungstunnel ist ein heiliger Gral

Die Schere im Kopf schmerzt nicht einmal

Wer sagt schon die Wahrheit

Wenn ich heute frag: Wie geht's

Will ich denn wirklich Klarheit

Wenn ich heute frag: Wie steht's

Sagt man Wahres auf die Fragen

Wird man nicht mehr gefragt

Wir spotten nur wenn andre klagen

Gut geht's - ist leichter gesagt

Für viele ist das ganz normal

Es ändert sich wohl mit dem Alter

Hosen sind mal zu groß - mal zu schmal

Ein gutes Geschäft für die Hosengestalter

Heute habe ich alles im Griff

Es drückt und es schlackert nicht

Denn meine Lösung ist eine mit Pfiff

Hosen habe ich viele - für jedes Gewicht

Schaue ich morgens aus den Fenstern

Dann schau ich gerne in die Ferne

Nach meinen Nachtgespenstern

Ruhen meine Augen gerne

Es ist zwar nicht alltäglich

Auch wenn du es nicht kennst

Glaube mir trotzdem es ist möglich

In DEINEM Bett - liegt DEIN Gespenst

Stimmungen verändern das Leben

Glück ist manchmal kaum zu ertragen

Dann strahle ich - und ich zeige es jedem

Doch bin ich traurig – will ich es nicht sagen

Oh nein – ich bleibe diszipliniert

Mein wahres ICH - zeige ich keinem

Keiner soll wissen was die Seele spürt

Nur nachts im Schlaf - da muss ich weinen

Viele Fragen

Schwere Klagen

Vollgestopfte Magen

Schwerwiegende Waagen

Ich kann sagen

Mit stolzem Behagen

Und 8/16 ohne zu zagen

Normalgewicht in 100 Tagen

Glaube

und

Unglaube

Religionsfreiheit ist Gesetz

Doch sind Religionen oft tödlich

Der Glaube als Sinn ist Geschwätz

Und ist nur für den Klerus einträglich

Kirche mit Paralleljustiz

Laizismus sollte machbar sein

Gott - nur eine private Randnotiz

Religion sollte sein wie ein Sportverein

Jesus fragte gestern an

Ob er mich übernehmen kann

Ob ich bereit und willens wäre

Er meint - es sei ihm eine Ehre

Ich fragte: Was bietest du

Er meint: Ich biete ewige Ruh

Nein - sag ich - hab Dank dafür

Die habe ich schon auf Erden hier

Ich beobachte den Himmel

Dunkle Wolken ziehen ohne Plan

Sie schweben und in dem Gewimmel

Sieht der Sohn Gottes mich traurig an

"Ich wollte nur mal erwähnen"

Ruft er mit lauter Stimme mir zu

Und sagt dann unter bitteren Tränen

"Ich hätte es auch gerne so gut wie du"

Wenn ein Engel fragt

Mensch was hast du gemacht

Weiß ich was ich diesem Engel sag

Schreiben Singen und aus Liebe gelacht

Der Engel fragt nach

Und was tatest du für Gott

Ich fragte 'Hat Gott keine Macht'

Braucht Gott mich – dann ist er in Not

Manchmal GLAUBE ich

Doch nicht an einen Gott

Meistens glaub ich nur an mich

Bis heute war alles perfekt und gut

Ich rief Gott als Kind

Gott hatte kein Interesse

Pfarrer taten wofür sie da sind

Kinder sind Opfer und nur Petitesse

Viele starben durch Religion

Kriege erzählen uns so viel davon

'Religion ist friedlich' predigt ihr Gott

Anders denken endet auf dem Schafott

Religion dreht sich um Reichtum und Macht

Euer Gott gibt nicht auf den 'Nächsten' Acht

Gott ist ein Placebo das alte Männer verwalten

Wer GLAUBT - muss Gott für einen Trottel halten

Es war einmal ein junger Mann

Seit Jahren schon fast tot

Ich sah ihn suchend an

Wo war sein Gott

Schläuche hielten ihn am Leben

Das Bett war sein Zuhause

So nah am Garten Eden

Gott macht Pause

Sollte Gott mich rufen

Kannst du auf mich zählen

Denn ich werde dann versuchen

Gott zu sagen "Lass dich wählen"

Gott hat zwar Macht

Allmächtig ist er erst dann

Nach einer Wahlkampfschlacht

Wo jeder Mensch ihn wählen kann

Würde ich an Gott glauben

Es wäre viel leichter - das Leben

Ich könnte mir den Luxus erlauben

Gott die Verantwortung zu übergeben

Es würde mich zwar stören

Einem Außeririschen zu huldigen

Eines kann ich euch aber schwören

Für alles hätte ich dann einen Schuldigen

Hätte Klara abgetrieben

Wäre Hitler Quark geblieben

Hätt Laura ihren Bush gemieden

Vielleicht gäb es statt Terror - Frieden

Wäre Maria ohne Sohn

Gäbe es Liebe statt Religion

Kirchen verkaufen dir nur Schuld

Glauben ist Silber - Wissen ist Gold

In der schweren Zeit

Betet man zu seinem Gott

Ist man dann vom Leid befreit

Preist man Gott - nach seiner Not

In der schweren Zeit

Betet man zu seinem Gott

Wird man nicht vom Leid befreit

Preist man Gott – gewohnt bigott

Die Täter reden von Wiedergutmachung

Das bringt mich immer zum Kotzen

Ihre menschliche Verachtung

Lässt sie Kinder benutzen

Weil sie Kinder beglücken

Erwarten Kleriker Gottes Lohn

Entschädigungen fürs Kinderficken

Bezahlt die Opfer für die Prostitution

Viele beschimpfen mich

Gottlos sei ich und ein Sünder

Sie sagen – darüber spricht man nicht

Ich sage - sie missbrauchen eure Kinder

Einzelfälle - meinen sie

Ich sag ja - aber viele Millionen

Die Einzelfälle interessieren sie nie

Kindliche Menschenopfer der Religionen

Fragt mich einer: 'Bist du glücklich'

Dann sage ich ihm niemals: 'Ja'

Alles ist nur augenblicklich

So unwirklichkeitsnah

Glücklich ist niemand

Falsch ist schon die Frage

Glück - ein flüchtiger Zustand

So temporär wie Gott und ihr Blage

Freunde

und

Feinde

Es gibt Sätze die bleiben fürs Leben

Und verletzen tief in den Seelen

Worte die wie Eiter kleben

Und die uns ewig quälen

Sprache die alles nimmt

Nichts - was vergleichbar ist

Und tödlich wenn es Freunde sind

Die Sätze beginnen mit: "Du bist ..."

Ich liebe es zu dichten

Mal schlechter - mal besser

Dann erzähl ich gern Geschichten

Und spiel auch oft den Besserwisser

Ich nehme die gelassen

Die mich zu ändern suchen

Freunde lassen mich erblassen

Die mich für einen Vers verfluchen

Morgen werde ich – wenn ich kann

Wieder zu diesem Bettler gehen

Er lächelte so nett mich an

Ich will ihn wiedersehen

Erneut ging ich den Weg

Hoffte dass er mich erkennt

Als er mich sah schaute er weg

Und ich erkannte den alten Freund

Mein Freund ist tot

Er war mein bester Freund

Von Liebeskummer bis Aufgebot

Schule oder Urlaub - Beruf oder Joint

Alkohol und Zigaretten

Alles haben wir uns gegeben

Selbst um den Tod wollte er wetten

Er hat gewonnen - und ich muss leben

Du willst eine Meinung von mir

Sagst mir aber nicht die Wahrheit

Doch so bekomm ich kein Bild von dir

Ich brauche dazu aber völlige Klarheit

Du verbreitest Lügengeschichten

Willst glänzen auf Teufel komm raus

Positives ist nur für DICH zu gewichten

Du willst keine Meinung – du willst Applaus

Du bist undankbar

Das sagt ihr oft zu mir

Hast du vergessen was war

In deiner Not da halfen WIR dir

Habt ihr vergessen

Gemeint war niemals ich

Ihr werdet begreifen müssen

Man tut es für sich - schlussendlich

Manchmal denke ich: 'Stirb du Arsch'

Und später dann schäme ich mich

Unangemessen und zu barsch

Früher mochte ich dich

Heut liebst du Dinge - die ich hasse

Hakenkreuz und Reichskriegsfahne

Lebst in einer braunen Masse

Und Eva ist dein Name

Zusammen gereist zusammen gelacht

Schlechte Laune war ein 'No go'

Alles wie für Dich gemacht

Gestreicheltes 'Ego'

Du willst Dankbarkeit

Willst Lob und Anerkennung

Statt Diskussion - den Treueeid

Kritik an DIR ist Gotteslästerung

Einsamer werden Menschen im Alter

Auch wenn sie gern gesellig sind

Mitläufer statt Gestalter

Wie Blätter im Wind

Freunde die ich verliere

Die fehlen mir im Alter sehr

Denn so wie ich sie definiere

Gibt es heut keine Freunde mehr

Es gibt Zeiten da leb ich in Gewändern

Ich fühle mich wie ein Einmannzelt

Fast unmöglich dies zu ändern

Darum hasse ich die Welt

Die Freunde betasten mich mit Blicken

Zeigen stolz ihren schlanken Bauch

Ich ziehe ihn ein - den dicken

Schlank zeig ich ihn auch

Es fühlte sich irgendwie falsch an

Ich wusste nie dafür den Grund

Sah mich als Schuldigen dann

Darum bin ich verstummt

Wir beide redeten zwar

Und es gab immer Sympathie

Dann erkannte ich was falsch war

Wirklich zugehört hattest du mir nie

Freunde fragen - ob ich glücklich sei

Ich sag: Nein - ich werd es nie wieder sein

Ich fühle mich heute sehr zufrieden und frei

Zum Glücklichsein fällt mir kein Grund mehr ein

Ich kenne Glück – ich hab es erlebt

Ich erinnere mich gerne an diese Zeiten

Glücklich bin ich durch das Leben geschwebt

Glück kennt nur einen Versuch – keinen Zweiten

Was war die größte Enttäuschung im Leben

Das fragte mich kürzlich mein Freund

Nicht so viele hat es gegeben

Hab ich zu ihm gemeint

Es waren die Menschen

Die als Freunde zu mir kamen

Ich entsprach wohl ihren Wünschen

Doch war ich nur Publikum - in ihren Dramen

Jährlich bekam ich eine CD

Mit Liedern die in jenen Jahren

Täglich mehrfach – und das tat weh

Auf fast jedem Sender zu hören waren

Eigene Musik gab ich zurück

Sie schlugen verbal mich nieder

"Wir mögen sie nicht – deine Musik"

Freundlichkeiten waren ihnen zuwider

Ich höre heute 'hintenherum'

Meine Entscheidungen seien dumm

Sie sagen es mir niemals ins Gesicht

Denn sie kennen mich und mein Leben nicht

Sie mäkeln oft an mir herum

Ich bin kein dankbares Publikum

Für mein Leben stell ich die Weichen

Nur ich kann mir das Wasser reichen

Ein Brief kam zu mir – ein geheimnisvoller

Als Mensch sei ich vielleicht ein toller

Doch war man nicht darauf gefasst

Dass ich so wenig angepasst

Als Freund hieß man mich einst willkommen

Um etwas von mir zurück zu bekommen

So wie ich war wollte man mich nie

Ich sollte werden so wie sie

Heute vor sieben Jahren

Hab ich Tiefschläge erfahren

Fassungslos - bestürzt - entsetzt

Noch niemals wurde ich so verletzt

Verbal und völlig kalt

Treffer aus dem Hinterhalt

Gaben meinem Leben die Wende

Und eine Freundschaft war zu Ende

Ich beklagte ein Unrecht

Darauf sagte ein Freund zu mir

Ist dein Leben denn heute schlecht

Nein rief ich - ich lebe im Jetzt und Hier

"Dann ist alles in Harmonie"

Eine Meinung bei der mir graust

Mit dieser dummen Küchenpsychologie

Bewältigt der Freund sogar den Holocaust

Vollkommen bist du

So sagte mir ein Freund

Ich hörte ihm nicht richtig zu

Er hatte es sicher anders gemeint

Da fragte ich nach

Was meinst du bitte sehr

Als er es noch einmal sprach

Da war er schon kein Freund mehr

Manchmal vermisse ich ihn

Er war fast einmal ein Freund

Mein Leben wäre anders – mit ihm

Den Teil des Lebens hab ich versäumt

Er war einmal ein Lehrer

Und trotzdem mochte ich ihn

Ein begnadeter Wissensvermehrer

Mir fehlt heute das Gespräch mit ihm

Junge

und

Alte

So ist sie - diese Jugend von heute

Die Welt verbessern geht immer

Leistet erst mal etwas Leute

Ihr respektlosen Spinner

Nie wollten wir so reden

Nicht werden wie die Alten

Wir "68er" wollten anders leben

Heut sind WIR die Alten die spalten

Nein - ich erkenn ihn nicht mehr wieder

Der Typ mit dem offenen Verstand

Redet heute wie ein Krieger

Will nur die Oberhand

Beliebt und empathisch

So war er ein ganzes Leben

Altern machte ihn unsympathisch

Nazischeiße bestimmt heut sein Reden

Ich sehe traurige Kinder

Und ich sehe enttäuschte Alte

Als hätten sie keine Antworten mehr

Und ließen ihr Leben nur noch verwalten

Kinder machen nur Fehler

Weil sie Fehler machen müssen

Unsre Kinder sind Zukunftserfinder

Nur Alte glauben alles besser zu wissen

Manche Gefühle möchte ich noch mal fühlen

Die Erinnerungen lassen mich erbeben

Gefühle die tief in mir wühlen

Zeigen - ich hatte Leben

Die Erinnerungen werden niemals vergehen

Sie werden noch intensiver im Alter

Und – man mag mir vergeben

Alter ist ein Gestalter

Es war ein Genuss

Dich diskutieren zu sehen

Ich bewunderte deine Lust

Andere Meinungen zu verstehen

Heut ist es ein Graus

Veränderungen zu spüren

Es kann dich schon im Voraus

Kein Argument mehr interessieren

Ich seh die Frau

Mit Narben und Falten

Ihre Haare sind schon grau

Doch kunterbunt ist ihr Verhalten

Alles was ICH sehe

Ist ihr Blick voller Leben

Bis sie geht oder bis ich gehe

Will ich die Augen strahlen sehen

So manche Beziehungen prägten mein Leben

Sie haben mir Lebenserfahrung gegeben

Und die lehrte mich zu schweigen

Wenn junge Menschen leiden

Ihre ersten kleinen Krisen

Machen sie zu Erfahrungsriesen

Ihr erstes Leid wird zur Offenbarung

Sie bemitleiden mich und meine Erfahrung

Heute müssten wir jung sein

Mit unserem Wissen - unserem Geld

Heut fielen wir auf keinen mehr herein

Wir hätten die Welt auf den Kopf gestellt

Heute endlich haben wir alles

Doch wissen wir auch wie es endet

Wir sind alt und unser Schicksal will es

Jugend wird an JUNGE Leute verschwendet

Ich hörte die Frage

"Wann ist man wirklich alt"

Das ist keine Frage der Jahre

Bei einem spät – beim anderen bald

Alter hat keinen Plan

Nichts was du tun musst

Wirklich alt bist du erst dann

Wenn du nur noch Vernünftiges tust

Der alte Mann von Nebenan

Schleppt sich über unseren Flur

Er lehnt oft an der Wand sich an

Seine Kräfte die reichen Minuten nur

"Kann ich helfen" frage ich

Ich seh ihn in der Ecke stehen

"So lange ich kann" bedankt er sich

"Werd ich die sportlichen Wege gehen"

Sollte ich's vergessen

Das Wichtigste ist Essen

Kinder – die hungern müssen

Werden gefoltert – und vergessen

So schlagt mich bitte

Stoßt mich aus eurer Mitte

Doch tötet endlich die Schinder

Und bitte bitte – rettet die Kinder

Wir wollen Normalität

Änderungen wollen wir nicht

Denn dass es uns sehr gut geht

Ist normal - und unser gutes Recht

Doch was Normal ist

Sind nur die Konstruktionen

Und der gesellschaftlicher Mist

Alter weißer Männer seit Generationen

Familie

und

Nachbarn

Du sagst zu mir

Geh mal unter Leute

Heut geh ich auf ein Bier

Und nun - was sagst du heute

Du sagst zu mir

Gehe nicht so viel aus

Säufer wirst du sag ich dir

Bleib doch einfach mal zu Haus

Ich hab nie von Weihnachten gehört

Oder von anderen Feierlichkeiten

An denen Familie nicht stört

Es sind die Kleinigkeiten

So viele Schlüsselworte

Die im Familienleben kleben

Sie erwecken die alten Tatorte

Sie wirken das ganze lange Leben

Unverständlich ist es bis heute

Nie war es gut oder gerecht

Was ihr getan habt Leute

War einfach schlecht

Macht oder nur Phobie

Es wirkten die Extreme

Nach Lösungen suchtet ihr nie

Eltern verstärkten nur Probleme

Undank ist der Welten Lohn

Das wussten unsere Ahnen schon

Doch gibst du Parzelle für Parzelle

Vergisst man dich nicht auf die Schnelle

Erwarte deinen Tod als Lohn

Gibst du den Hof an deinen Sohn

Er hat - wenn er's vergegenwärtigt

Den Blechnapf schon für dich gefertigt

Udo schickt am Muttertag

Seiner Mama ein paar Blumen

Auch wenn er Mutti gar nicht mag

Sie gönnt ihm nicht vom Brot die Krumen

Als dann die Mutter stirbt erkennt er

Er kriegt das Kind nicht aus sich raus

Immer bleibt der kleine Bub er

Legt aufs Grab den Strauß

Meine geliebte Tante

War mehr als eine tolerante

Sie war als Tante die dominante

Die mich als ihr Lustobjekt erkannte

Leidenschaft und Lust

Sommer '64 bis Ende August

Sex ohne Liebe - und ohne Frust

Ich spüre Sehnsucht in meiner Brust

Erwachen jeden Morgen

Erwachsen werden und groß

Mit all den Freuden und Sorgen

Das Leben geht jeden Morgen neu los

Was kein Kind versteht

Doch ist das Kind erst groß

Dann weiß es wie das Leben geht

Das Leben ist ernst und hoffnungslos

Eltern reden gerne

Mit Kindern ernst und laut

Als wären sie in weiter Ferne

Oder - als wären die Kinder taub

Gerne reden diese Eltern

Mit den Kindern - den braven

Mit den nicht so braven - ungern

Die bösen Kinder sind zu bestrafen

Viele leben durch Idole

Und verehren sie wie Götter

Zahlen mit Lebenszeit und Kohle

Doch die Idole zu Hause sind netter

In der Familie leben sie

Freunde sehen sie tagtäglich

Du glaubst - Idole enttäuschen nie

Wenn du sie kennst - ist das unmöglich

Ich lieb Kinder und mein Leben

Zusammen geht das nicht für mich

Ich wollte Kindern nie Leben gegeben

Bereut habe ich es bis heute noch nicht

Von der Regel unbenommen

Die Ausnahme will ich bekennen

Um meine Traumfrau zu bekommen

Lernten ihre Kinder mein Leben kennen

Es gibt keinen Grund

Und ich sag es ungehemmt

Ich halt es für sehr ungesund

Dass man ein Kind sein Eigen nennt

Ich sag es euch laut

Aus tiefster Überzeugung

Menschenbesitz ist mit Verlaub

Nichts anderes als Sklavenhaltung

110

Eltern lieben Kinder

Kinder lieben Eltern auch

Chinese - Russe – Ami - Inder

Man tut es denn es ist so Brauch

Kindererziehung sei

Vorbereitung fürs Leben

Funktioniert es - bist du frei

Sonst wird ein Kind an dir kleben

Bei Menschen - die in der Öffentlichkeit

Sehr laut mit ihren Kindern reden

Tun mir die Kinder immer leid

Die in zwei Welten leben

Vor den Fremden relevant

Man wird sie herzen und küssen

Zu Hause werden sie kaum erkannt

Weil Kinder da unsichtbar sein müssen

Von Gehorsamkeit sprachst du zu mir

Ich solle folgsam sein bei dir

Schuld die du Kindern gibst

Ist Macht die du liebst

Schon als Kind hatte ich mir verziehen

Gewalt hatte dir Macht verliehen

Vergeben ist nicht vergessen

Und nicht lieben müssen

Der Kapitalismus lebt auch von Hartz IV

Durch Wähler und Gewählte wie wir

Doch wo Menschenrecht endet

Wird Leben verschwendet

Kinder sind die Zukunft

Mit der richtigen Herkunft

Eins isst Kaviar mit der Mutter

Die andere Mutter isst Hundefutter

Dicke Eltern füttern Eis

Weil ihre Kinder dann lachen

Obwohl doch heute jeder weiß

Süßes wird Kinder dicker machen

Eltern leiden bis heute

Und wären so gern schlank

Lernen nichts dazu - die Leute

Ein Leben - schlank wie ein Schrank

Ich habe ihn gelesen

Deinen anklagenden Brief

Drei Seiten sind es gewesen

Sie machen zornig - treffen tief

Dein langes Schweigen

War leichter zu ertragen

Als die schriftlichen Ohrfeigen

Dummchen - wie kannst du's wagen

Morgen werd ich mal wieder zum Tier

Meine "Ex" kommt morgen zu mir

Ich hab sie nicht bestellt

Ich bin kein Held

Wäre ich ein Held

Hätte ich Killer bestellt

Die würden für Geld sie töten

Und ich spürte mal wieder die Klöten

Leben

und

Sterben

Leben ist ungerecht

Chancen sind nicht gleich

Eindrücke sind oft nicht echt

Und manche sind im Grenzbereich

Nur Beten hilft nicht

Manchmal braucht es Mut

Am Tunnelende leuchtet Licht

Das Licht bin ich – alles wird gut

Man liest es täglich

Erinnerung sei ein Trost

Macht Leiden erst erträglich

Doch Rückblicke sind rücksichtslos

Erinnerung heißt Leid

In jedem Leben eine Last

Messlatten zu hoch - zu weit

Vieles wäre leichter ohne Ballast

Manchmal schaue ich auf mein Leben

Ich frag wie konnte es geschehen

Brutalität schlug mir entgegen

Gewalt - Lügen - Vergehen

Fast immer gab ich acht

Nicht alles ließ sich vermeiden

Doch hat es großen Spaß gemacht

Trotz allem - immer "ICH" zu bleiben

Seine Hose stinkt

Sie ist so seltsam braun

Nach Scheiße riecht der Wind

Für Mistkäfer ein feuchter Traum

Im Tierreich normal

In der menschlichen Kultur

Sind die Konsequenzen brutal

Es überleben die Angepassten nur

Der US-Marshal Chauvin

Tötete den Schwarzen Floyd

Mit beiden Knien erstickte er ihn

Und grinste dabei als ob es ihn freut

Wird jetzt alles anders

Denken wir - halten wir ein

Nein – es gibt kein Miteinander

Die Kameras können nicht überall sein

Ich würde lieben

Gäbe es eine Pflicht

Die Pubertät zu erleben

Wie ein anderes Geschlecht

Durch Entwicklungen zu wandeln

Die Welt anderer begreifen zu lernen

Und erst danach als Mensch zu handeln

Keinen zu sehen wie von fremden Sternen

Und wenn ich morgen gehen werde

Dann pflanze ich keinen Baum

Ich nutze ehe ich sterbe

Meinen Lebensraum

Sterben als mein letztes Erleben

Kann mir keine Angst bereiten

Ich erlebe sie als 'Geben'

Die Nachspielzeiten

Die jungen Frauen in Krankenbetten

Die schon zu sterben beginnen

Genießen ihre Zigaretten

Genussraucherinnen

Besucher kritisieren

Darf man denn am Ende

Wissend - Leben zu verlieren

Es noch genießen - als Sterbende

Zusammen 350 Jahre

Vier alte Frauen ohne Mann

Gepflegte Gestalt - frisierte Haare

Sie reden und trinken - dann und wann

Es macht ihnen Spaß

Und sie genießen das Leben

Mit Wein oder mit Sekt im Glas

Freudlos leben würde Gott nie vergeben

Wenn ich dürfte was ich wollte

Und nicht sollte was ich muss

Würd ich wollen was ich sollte

Und alles wär nicht so konfus

Denn immer wollen was ich soll

Und immer denken was ich darf

Heißt immer können was ich will

Und immer leben wie ein Schaf

Wir wissen alles heute

20x mehr als vor 20 Jahren

Die evolutionäre Spitze - Leute

Besser als wir es irgendwann waren

Das Gleiche sagen wir IN 20 Jahren

Und trotzdem lernen wir es nie

Was wir als Wissen erfahren

Ist schon morgen History

Warum lebst du so weiter wie immer

Wenn dein Leben zum Kotzen ist

Ist es denn weniger schlimmer

Wenn du unzufrieden bist

Zukunft ist ein Scharlatan

Veränderung nimmt den Halt

Routine ist Sicherheit nach Plan

Dein Halt heißt schlagen und Gewalt

Ein Mensch hat sein Leben verloren

Doch er spürt nicht den Verlust

Keine Trauer - keine Sorgen

Weder Last noch Lust

Ob Familie ob Freunde

Er wird als Mensch vermisst

Wir denken an Frust und Freude

Erinnerung lebt – weil der Tod so ist

Gestern da schaute ich auf die Uhr

Ich war mir sicher es sei meine

Doch die Uhr tickte in Dur

Diese Uhr war deine

Das erschreckte mich

Es schlug mir auf den Magen

Doch meine Zeit war es noch nicht

DEIN letztes Stündlein hat geschlagen

Als junger Mann hab ich mich gefragt

Was halten die Anderen von mir

Habe ich was Dummes gesagt

Was erwarten sie von dir

Qualen von anno dazumal

Unsicherheiten die kujonieren

In meinem Alter ist das alles egal

Keine Angst mehr sich zu blamieren

Ich sag es viel zu oft

'Ich habe keine Lust mehr'

Nichts was ich mir noch erhofft

Schon alles gehabt - Zukunft ist leer

Es gibt keine Probleme

Nur noch Leben ohne Spaß

Und keine Droge die ich nehme

Gibt meinem Leben noch irgendetwas

Ich hatte nie ein Idol

Und nie Vorbilder im Leben

Nie fühlte ich mich damit wohl

Ein Leben für Vorbilder aufzugeben

Meine Werte im Leben

Vergessen werde ich sie nie

Haben mir gute Freunde gegeben

Willy - John - Albert - Ali

Manchmal da verdunkeln sich die Tage

Schwere Träume stören die Nacht

Und kritisch ist die Lebenslage

Wenn man zitternd wacht

Satan zahlt seinen Beitrag

Irgendwann versagt das Leben

Nacht erreicht nicht mehr den Tag

Erlösung wird mir ein Lächeln geben

Manche Wunden sind zu tief

Und sind kaum noch zu ertragen

Man muss mit Geistern die man rief

Neue - und ganz andere Wege wagen

Erstickt ist mancher Schrei

Unerträglich mancher Schmerz

Gedanken daran sind nie mehr frei

Überleben kostet manchmal das Herz

Täglich seh ich Todesanzeigen

Die mir so viele Gestorbene zeigen

Einige waren bescheiden und schlicht

Und andere kreativ oder fromm oder nicht

Manche gehen zu früh zu jung

Andre mit Hundert und kerngesund

Ich wünschte - ich wäre für immer hier

Doch sind die Einschläge schon nah bei mir

"Es war einmal" in meinem Leben

Damals konnte ich die Zukunft sehen

Manchmal denke ich es war gerade eben

Dann versuche ich - es wieder zu verstehen

Manche Gefühle kommen zurück

Doch sind die meisten tiefgefroren

Heute verliere ich sie - Stück für Stück

Damals - da hab ich meine Zukunft verloren

Ich sag es gern: "Ich mag dich"

Und es ist schön wenn wir uns sehen

Wir sitzen beim Sekt und dann sag ich:

"Weißt du noch" – und die Zeit bleibt stehen

Eine Geliebte war gestorben

Es ist fast als war es gerade eben

Durch sie ist die Welt schöner geworden

Du verlorst die Schwester und ich mein Leben

Das Radio weckt mich 9 Uhr auf

Mein Tag nimmt seinen normalen Lauf

Erst Morgentoilette - dann Bett gemacht

Zeitung und Post auf die Terrasse gebracht

Morgenkaffee - Lesen - Schreiben

Das Essen auf Rädern heiß einverleiben

Dann die ganze Welt am Fernseher sehen

Warten aufs Sterben ist nicht unangenehm

Mancher geht auf hohe Berge

Einige nutzen zur Heimkehr Särge

Andere finden daran großen Gefallen

An Gummis von Brücken herunterzufallen

Süchtig sind sie nach Adrenalin

Fast wie der Junkie nach Heroin

Doch Leben ist schön und meist leicht

Drogen willst du wenn Leben nicht reicht

Jeden Tag sehe ich meine Bettentürme

Majestätisch und erhaben und schön

Leben schützen sie wie Schirme

Sie haben viel Leid gesehen

Ich schaue auf sie aus meiner Wohnung

Und frage: "Wann muss ICH gehen"

Vielleicht darf ich als Belohnung

Sterbend die Türme sehen

Ich spüre Aggressionen

In meinem geliebten Land

Von den jüngeren Generationen

Die Frieden kennen und Wohlstand

Behütet wachsen sie auf

Krieg ist Geschichte für sie

Diese Gewalt im Kriegsverlauf

Endet aber im Leben der Alten nie

Als Krimineller ging reich sein viel schneller

Wie von Sinnen – nur gewinnen nur gewinnen

All die Verbrechen die sich nun rächen

Nimm dir die Muße – tu Buße tu Buße

Verteil deine Beute unter die Leute

Gib volle Hände – verschwende verschwende

Während der Strafen kannst du endlich schlafen

Die Alpträume zertreten - und beten und beten

Ist es vorüber dann freu dich darüber

Dir ist vergeben – du kannst leben kannst leben

Der Doc meint 'Karzinom'

Und ich bin fast erleichtert

Einen Plan habe ich dafür schon

Er ist seit 20 Jahren gespeichert

Chemo ist bei mir tabu

Diese Therapie ist Overkill

Ich hoffe dass ich es nicht tu

Weil ich das Sterben erleben will

Manche leben den Traum

Einer gebildet und hochbegabt

Der Andere ist ein geborener Clown

Oder liebt das was er schreibt und sagt

Manche zahlen dafür Geld

Haben Spaß an unserem Traum

In anderen Ländern auf der Welt

Krepieren Menschen - und lebten kaum

Ich hab nie gearbeitet um reich zu werden

Und auch nicht für einen guten Job

Musste um keine Liebe werben

Auch nicht um ein Lob

All das was ich liebte - durfte ich leben

Nichts sollte mein Leben vergrämen

Nur eine Last hat es gegeben

Ab- und zuzunehmen

Eines sollten wir kapieren

Die Sinne belügen uns täglich

Wenn sie die Welt interpretieren

Ist nur so unser Überleben möglich

Keiner kennt die Realität

Denn was die Sinne erfassen

Hat dreidimensionale Qualität

Wahrheit ist dem Hirn verschlossen

Ich bin ein weiterer Toter von morgen

Niemand wird sich lange erinnern

Mein Leben und meine Sorgen

Nur ein Kammerflimmern

Mir wurde Leben gegeben

Als der Mittelpunkt und Held

Die Nebenrollen in meinem Leben

Die hattet alle ihr – in meiner Welt

Du wagst es nicht

So sagtest du mir noch

Spottetest: Armer Wicht

Aber dann - ich wagte es doch

Mit Stolz im Blick

Sah ich dir in die Augen

Die sahen gebrochen zurück

Wird man mir Notwehr glauben

Für ewig jung

Krank nie wieder

Immer mit Schwung

Nie mehr steife Glieder

Gerne wär ich Dorian Gray

Und niemals würde ich altern

Benjamin Button wäre auch Okay

Vom Greis zum Säugling ohne Falten

Manche Geschichte die ich höre

Und die ich auch miterlebte

Ist eine – ich schwöre

Zur Saga gewebte

Manche der Leute

Die Erzählungen weben

Glauben die Märchen heute

In denen sie als Helden leben

Schaut mich an

Seht auf einen Sieger

All das was ich heute kann

Macht mich zu einem Überflieger

Es ist nie leicht

Häufig bin ich allein

Alles hab ich schon erreicht

Es ist eine Lust unsterblich zu sein

Nationalmannschaften sind keine "Kita"

Spieler und Manager und Ärzteteam

Gestandene Menschen mit Vita

Die für Erfolge alles tun

Doch von einem Zwischenfall erschreckt

Erfahren sie wie Leben sein kann

Kurz aus dem Traum erweckt

Fängt er von neuem an

Der Kampf gegen Krebs wurde verloren

So liest man es in Todesanzeigen

Kämpfen gegen Krebstumoren

Macht keiner sich zu Eigen

Niemand kämpft gegen seine Zellen

Krebs ist nicht Feind oder Mission

Es ist keine Frage von 'wollen'

Kämpfen ist keine Option

Ich werd heut übersehen

In meinem Lokal - im Garten

Heut will mich jeder übergehen

Ich bin der Letzte – ich muss warten

Ich winke und ich rufe

Doch keiner nimmt mich wahr

Wie oft ich es auch versuche

Heute bin ich für alle unsichtbar

Ja - es geschehen Dinge

Nur weil ich bin - wie ich bin

Manche der Dinge die ich bringe

Erhalten durch mich erst einen Sinn

Einiges scheint explosiv

Selbsterfüllende Bedenken

Manches undenkbar und Kreativ

Wird durch mich erst zu Gedanken

Unsere Träume lassen uns leben

Und bringen uns viel Freud

Einige die wir erleben

Zeigen uns Leid

Ganz ohne Regel

Und ganz ohne Norm

Setze einfach die Segel

Träume noch einmal von vorn

Du bist so mürrisch

Alles Neue lehnst du ab

Für Neider ist das typisch

Über Spaß brichst du den Stab

Deine Tage sind leer

Ein Leben ohne Pulsschlag

Die Existenz - nur imaginär

Ich seh Tränen am jüngsten Tag

Ich trinke seit 60 Jahren

Und damit meine ich Alkohol

Ich habe in den Jahren erfahren

Auch der Alkohol dient meinem Wohl

Ich bin gesund und munter

Geistig und körperlich im Soll

Doch wenn ich sterbe mit hundert

Behauptet ihr: "Es war der Alkohol"

Wenn ich erwache besetzt er Raum

Ein Film der täglich neu startet

Wirklichkeit und Alptraum

Mein Horror wartet

Immer morgens früh

Und völlig unvorbereitet

Ich sehne mich nach Bullerbü

Das kindlichen Frieden verbreitet

Die Welt ist verrückt

Ein Kampf ums Überleben

Ganz wenige erleben Glück

Andere sterben bevor sie leben

Es kam über Nacht

Ich jammere und klage

Weil es so viel Mühe macht

Geld zu verprassen das ich habe

Heute schleich ich durch die Wohnung

Und fühl mich wie ein alter Mann

Bin nur bedacht auf Schonung

Ziehe mich nicht mal an

Gehe nicht ans Telefon

Und versink in meinen Gram

Ich spür schon meine Obduktion

Seht ihr nicht mein Leid und Harm

Was tun – wenn ich das Ende spür

Darf ich mit Anstand gehen

Zahl ich einen Preis dafür

Muss ich Satan sehen

Geh ich als Witzfigur

Gilt es Pietät zu wahren

Doch mein Verstand meint nur

Gestorben bist du schon vor Jahren

Alle verlangen: Du musst kämpfen

Bei Krankheiten oder bei Tod

Kampf sogar in Krämpfen

Leiden ist ein Gebot

Ich dummer Wicht

Habe es gerne kommod

Eines werde ich sicher nicht

Nie nehm ich ihn ernst – den Tod

Seit wann dürfen wir alles fragen

Seit wann gibt es Etikette nicht mehr

Seit wann dürfen wir uns denn alles sagen

Seit wann fällt Rücksicht nehmen so schwer

Manche Frage fragt man nicht

Manche Regeln kommen nicht wieder

Manche Antworten die sagt man nicht

Manche Menschen leben immer als Krieger

Liebe

und

Hass

Jeder soll leben - so wie ein Jeder es kann

Egal ob Frau - ob Divers - oder Mann

Einer lebt lang und hat niemals Zeit

Ein anderer kurz zu allem bereit

Einer hat Glück und darf lieben

Ein anderer nicht - und ist zufrieden

Das Leben soll Dich lieben so oft es kann

Das wünscht euch ein zufriedener alter Mann

Du schöne junge alte Frau

Niemand der schöner ist als du

Ich sah dich und ich dachte 'WOW'

Etwas Schöneres sah ich vorher noch nie

Junge Frauen sind erregend

Manche Teufel und manche Feen

Doch eines war immer faszinierend

Mädchen sind jung – doch niemals schön

Ich fragte bei ihr an

Was träumst du vom Leben

Sie war jung und war ohne Plan

Von einem Mann und Reichtum eben

Da lachte ich ihr zu

Schau doch uns beide an

Ich und du ist dann kein Tabu

Ich bin reich und bin auch ein Mann

Männer können nichts

Was Frauen nicht können

Der Penisneid ist ein Gerücht

Weil Männer ihn euch missgönnen

Du hast laut gelacht

Ich hab mir vorgenommen

Hast du unter Tränen gesagt

Ganz viele Penisse zu bekommen

So vieles braucht man für die Liebe

Zum bösen Spiel die gute Miene

Vertrauen - Mut und Triebe

Und natürlich Endorphine

Es ist nicht zu fassen

Viel zu viele finden es geil

Wenig braucht es um zu hassen

Es genügt ein einziges Vorurteil

Es gibt viel zwischen Vagina und Glied

Und nicht alles muss man wissen

Nur den kleinen Unterschied

Wirst du wissen müssen

Sex mit jungen Männern

Endet wenn er gekommen ist

Doch der Sex mit alten Kennern

Der endet - wenn DU gekommen bist

Wenn Liebe zwei Menschen verbindet

Und wenn Schmetterlinge fliegen

Ein Körper feste Körper findet

Wenn die Hormone siegen

Möchte man lustvoll sterben

Genießt das jugendliche Ebenmaß

Doch auch wenn Körper älter werden

Orgasmus - macht auch dann noch Spaß

Einige Männer hassen Männer

Nur weil die Männer Homos sind

Doch wüssten sie als Menschenkenner

Dass der Homo dem Hetero nichts nimmt

Doch ist es nicht Verstand

Nicht Logik die das Urteil trübt

Es ist wohl eher aus Holz die Wand

Aus der das Brett vor dem Kopf sich fügt

Groß war unsere Hoffnung am Anfang

So stark der Glaube an die Liebe

Ein unwirklicher Gleichklang

Sand mahlt im Getriebe

Dann begann die Abkehr

Es gab nicht einmal Fragen

Plötzlich stritten wir nicht mehr

Wir hatten uns nichts mehr zu sagen

Sätze gibt es die erschlagen

Worte – die darf niemand sagen

Trotz allem wird man sie laut hören

Sie können ein ganzes Leben zerstören

Sätze gesagt um weh zu tun

Niemand ist gegen Worte immun

Man hört sie auch von seinen Lieben

Ich wünschte – ich hätte geschwiegen

Mobbing ist ein Sorgenkind

Drängt seine Opfer in den Tod

Und wenn seine Opfer erledigt sind

Fühlen sich Mobber allmächtig wie Gott

Sie machen die Opfer stumm

So ganz ohne Sinn und Verstand

Wer sich so erhöhen will - ist dumm

Mobber und Mörder sind eng verwandt

Bodo ist ein Bild von Mann

Groß und stark und einfühlsam

Und sportlich ist Bodo noch dazu

Die Schönen fliegen ihm zu - im Nu

Weil der Bodo reden kann

Kommt Bodo bei den Frauen an

Doch Bodo ist auch Frauenkenner

Drum liebt der Bodo nur die Männer

Glücklich macht nicht Glück

Glück ist ein kurzer Augenblick

Glück braucht einen eigenen Raum

Glücklich macht vom Glück der Traum

'Bist du glücklich' ist keine Frage

Diese Erwartung verfälscht die Lage

Schon Zufriedenheit erreicht man kaum

Glücklich zu Leben – das bleibt ein Traum

Ich trau dem Irrsinn 'Liebe' nicht

'Liebe' sind gesteuerte Triebe

Wahre Liebe ohne Gewicht

Nur evolutionäre Lüge

Sex ist es doch nur

Nicht weniger nicht mehr

Es ist nur Trieberfüllung pur

Die wahre Liebe ist nur eine Mär

Von Liebe reden viel zu viele

Jeder glaubt es besser zu wissen

Manche halten Liebe für heiße Spiele

Doch kannst du ihr Geschwätz vergessen

Liebe verändert das Leben

Doch gib auf deine Liebe acht

Wahre Liebe will immer nur geben

Alles andere - wäre doch nur Macht

Du bist noch so jung und hast DEIN Leben

Wie soll ich dein Interesse verstehen

Nie kann es ein UNS mit uns geben

WIR – wie sollte sowas gehen

Genieße DEIN Leben - so gut es nur geht

Und nimm dir die Männer - die jungen

Geh - wohin der Wind dich weht

Dir wird das Leben gelingen

Überfallen wird der Franz

Es ist ein Schock für sein Leben

Seine heile Welt ist nicht mehr ganz

Noch heut lässt ihn die Erniedrigung beben

Jahre später vor Gericht

Der Täter bereut kurz die Tat

Bewähren darf sich der Bösewicht

So findet der Überfall noch einmal statt

60 Jahre sind es her

Seit wir uns damals sahen

Ein ganzes Leben - oder mehr

Böse Dinge - die damals geschahen

Hab dich nie vergessen

Wir wollten zusammen bleiben

Du hast mich mit zwölf verlassen

Dafür werd ich dich heute entleiben

Der Ton war unangenehm

Er hörte sich verächtlich an

Hast mich auch anders angesehen

Du sahst in mir nicht mehr den Mann

Der Blick kam von oben

Und zerriss mir mein Herz

Hast mich belogen und betrogen

Und getötet - an den Iden des März

Stunden habe ich gesucht und gewählt

Nun weiß ich endlich was ich will

Ich hab die Vorzüge gezählt

Heut bestell ich Annabell

Unter vielen fand ich sie

Ich las was sie am besten kann

Mir gefiel - neben ihrer Anatomie

Sie sagt sie sei lieb und anschmiegsam

Liebe liegt auf der Lauer

Liebe - das temporäre Glück

Niemand kann lieben auf Dauer

Nur Abhängigkeit wird akzeptiert

Denn wahre Liebe ist

Nur ein blendender Schein

Ein Traum der Leben vergisst

Realität schlägt auch auf Liebe ein

Ich denke in Optionen und Alternativen

Und ich versuche dich zu verstehen

Doch du kannst zum Negativen

Auch das Positive drehen

Ich hoffte auf das Gute

Doch leider bist du so verlogen

Du schaust sogar - wie ich vermute

Bei deiner Wahrheit - nach links oben

Dich könnte ich lieben

Das hab ich zu dir gesagt

Nichts ist uns davon geblieben

Zu lieben - haben wir nicht gewagt

Gefühle gut versteckt

Nur die Körper genommen

Die Seele aus dem Leib gefickt

Zum Lieben sind wir nie gekommen

Liebe liebt laue Lüfte

Wenn Insekten schwärmen

Tanzende und werbende Düfte

In Sonnenstrahlen die sie erwärmen

Wir schlagen sie tot

Wir denken niemals nach

Ohne Gefahr - ganz ohne Not

Töten wir Liebende - geben nie acht

Jeder liebt für sich

Lieben bedeutet betrügen

Liebe bringt Gefühle für MICH

Selbstlose Lieben sind große Lügen

Ob Liebe oder Hass

Es sind Gefühle für MICH

Die Gefühle geben MIR etwas

Und dabei geht es nicht um DICH

Theresia heißt sie

Und sie ist wirklich nett

Nur beim Orgasmus beißt sie

Multiples treiben im Lotterbett

Trotz aller Wunden

Ich würde nie tauschen

Uns weiter lustvoll erkunden

Und unseren Schweinereien lauschen

Der Eichhorn und die Eichhörnin

Tanzen lustvoll in ihrem Baum

Nur Fortpflanzung im Sinn

Ein Baby ist ihr Traum

Sie tanzen und lieben

Für ein neues Eichhörnchen

Sie werden täglich lieben üben

Und sind schon ziemlich gut darin

Jolanta aus Morwell

Wir trafen uns bei ihr

Linguistisch nicht so schnell

Doch lief es zwischen ihr und mir

Die Körper sprachen

Weil Worte nicht taugten

Manchmal wenn Gelüste lachen

Dann genügen uns Hände und Augen

Gestelzte Attitüde

Gespräche ohne Verstand

Für alles andere viel zu müde

Die Beziehungskiste ist verbrannt

Sie tun was geht

Paarlaufen als Parodie

Beine zum Blutstau verdreht

Unwohler fühlten sie sich noch nie

Was wohl die Liebe ist

Du sagst "DU" das liebe ich

Ich lebe weil DU bei mir bist

Du bist Erfüllung und Glück für mich

Ohne uns gibt's kein Leben

Nur Dasein und nur Existenz

Nur noch ein Nehmen und Geben

Nur noch Konsum und nur Dekadenz

Leben ist schwer

Atmen-Essen-Verdauen

Und dann kommst du daher

Willst Liebe und willst Vertrauen

Um dich zu lieben

Musst du mich vernichten

Und willst dann noch reden

Ich werd aufs Reden verzichten

Männer gibt es und es gibt Frauen

Und noch ganz viel dazwischen

Überwinden wir Misstrauen

Um Wissen aufzufrischen

Es gibt nicht nur schwarz und weiß

Nicht nur besser und schlechter

Sagt die Natur die alles weiß

Auch über Geschlechter

Münster ich seh dich

Und auch dein Münsterland

Schon ein Leben lang versteh ich

Mein Glück liegt nur in deiner Hand

Liebe meines Lebens

Starte ich den Tag mit dir

Beginne ich ihn nie vergebens

Münster und ich - für immer WIR

In meinem Leben

Das hab ich genossen

Hat es viele Lieben gegeben

Fast immer war ich verschossen

Eine Liebe warst du

Sie scheiterte zu Recht

Heut hör ich dir grinsend zu

Du redest alle Lieben schlecht

Manchmal fragt man mich

Warum bist du immer so still

Warum zeigst du den Leuten nicht

Was du kannst und auch was du willst

Doch ich bin wie ich bin

So läuft es in meinem Leben

Alles was ich will - ist Adrenalin

Und alles was ich kann - ist lieben

Sie sagte mir: Ich brauch Dich nun

Und ihr Wunsch war mir Befehl

War ich doch ihr Eigentum

Was ich nicht verhehl

Warum ich gerne kam

Weil sie mir sonst grollte

Gehorsam war ich ohne Scham

Sie kam wann immer sie mich wollte

Hey – toter Mann

Die Grabreden höre ich

Doch nichts ist wahr daran

Sie sprechen viel zu gut über dich

Die Macht war groß

Für viele warst du Feind

Mit Gewalt und rücksichtslos

Keiner der Tränen um dich weint

Wir hatten eine kurze gemeinsame Zeit

Voller Leben Euphorie und Toleranz

Toleranz reicht nicht sehr weit

Euphorie ist ein Totentanz

Unser "WIR" ist zu Ende

Ich stehe nicht mehr im Ring

Schluss und aus und Ende Gelände

Elvis has left the building

Uschi werde ich immer vermissen

Meine Traumfrau von nebenan

Ich fühlte mich beschissen

Als sie nicht mehr kam

Ich schrieb ihr ein Lied

Wollte singen – nur für sie

Ich hoffte dass sie dann blieb

Doch nichts reimt sich auf "Uschi"

Paare treffen sich

Wollen sich immer lieben

Und sie machen alles möglich

Passen sich Normen an und lügen

Er will dominieren

Und sie passt sich an

Sie wollen es nun probieren

Unsinn zwischen Frau und Mann

Umwelt

und

Corona

Jeder sieht auf die sterbende Welt

Sie sei nicht mehr zu retten

Nicht mit Gut oder Geld

Im Bösen - im Netten

Nein - sie stirbt nicht

Niemand muss sie retten

Sie kriegt ein anderes Gesicht

WIR - sind nur temporäre Deppen

An manchen Tagen da will ich nur

Das die Leiden Pause machen

Die Pein zieht eine Spur

Und Qualen wachen

Nur tiefe Atemzüge

Ohne Nöte in der Brust

Querdenken ohne Covid-Lüge

Dass Corona nicht das Ende ist

Wir haben unsere Welt verformt

Nicht immer zu ihrem Guten

Haben sie digital genormt

Heute muss sie bluten

Mal zeigten wir Gesicht

Mal sah man unsere Fratze

Geblieben ist nur ein Gedicht

Und ein Beatles - Fan mit Glatze

Ein Jahr Corona in meinem Leben

Hat für mich den besten Ruf

Vieles hat es mir gegeben

Zeit die etwas schuf

Ich schrieb ein Buch

Lernte neue Leute kennen

Vollzog mit anderen den Bruch

Und darf mich wohlhabend nennen

Blumen mag ich nicht

In geschlossenen Räumen

Ich mag sie in natürlichem Licht

Auf Feldern lassen sie mich träumen

Leben im Nikotinaroma

Trauernde Blumen im Pott

Vegetation im künstlichen Koma

Schnittblumen auf dem Schafott

Schwarze Wolken ziehen

Nacht von Blitzen zerrissen

Donnerschläge die sich bemühen

Gefahren nicht mehr zu vergessen

Autos schwimmen schnell

In den Dörfern und Städten

Tote Tiere im zerrissenen Fell

Menschen ertrinken in den Betten

Glanzlose Augen in der "Covid - Residenz"

Die Hoffnung wurde längst aufgegeben

Isoliert und einsam in die Demenz

Plötzlich erwacht das Leben

Spritzenschlange und "Polonäse Corona"

Sie rufen und lachen um es kundzutun

Laut hört man die Hausbewohner

Ich bin immun–ich bin immun

Ungezählte Autoarten

Hunderte von jeder Marke

Auf die teuren muss man warten

Autos für Ganz- und für Halbstarke

Nicht um den Nutzen

Es geht nur ums Vergnügen

Umweltschützer müssten kotzen

Ein paar Autoarten würden genügen

Ein Mückenmädchen sprach mich an

Und sagt - es gehe ihm nicht gut

Ob ich vielleicht helfen kann

Mit einem Tropfen Blut

Babys kämen nun im Lenz

Und Blut sei gut für die Brut

Kleines Mädchen mit Frequenz

Dein zärtlicher Stich tat mir gut

Corona trifft uns wie ein Messer

Es steckt uns tief im Rücken

Trotz der Besserwisser

Mit Wissenslücken

Es ist eine Grippe

So kreischen sie herum

Kluge Sprüche auf der Lippe

Zwischen den Ohren ein Vakuum

Mit Freunden in die Wirtschaft gehen

Und sein Wort nicht mehr verstehen

Mal wieder reden tanzen singen

Andere zum Lachen bringen

Nackte heiße Haut berühren

Und wieder mal Gefühle spüren

Wollust und Zärtlichkeit genießen

Und lustvoll sich in einen Schoß ergießen

Ein Jahr Disziplin bewahrt

Leben ohne EUCH ist hart

Welt ohne Menschen

Ein wunderschöner Traum

Und für Tiere und Pflanzen

Vielleicht ein menschlicher Raum

Früher oder später

Sind wir Vergangenheit

Menschen waren immer Täter

Nie geschaffen für die Ewigkeit

Wenn wir von Ostern-21 reden

Übertreiben wir in ein paar Jahren

Es wird zum Kampf um das Überleben

Und wir überlebten weil wir Helden waren

Für alle die an Corona sterben

Ist diese Pandemie ein Ungeheuer

Doch für alle die nicht sterben werden

Für Überlebende wird sie zum Abenteuer

Oft sind wir Hunde

Oder Ratten in der Nacht

Auch Bienen aus gutem Grunde

Manche sind Löwen wegen der Macht

Es ist ziemlich leicht

Jeder wird das was er kann

Klug - böse oder dumm vielleicht

Doch nie wird die Menschheit human

Wir wollen alles

Sofort - immer - billig

Im Falle des Umweltfalles

Sind wir nicht verantwortlich

Der Umweltschutz

Und das ist die Ironie

Bewirkt - weil er UNS nutzt

Nur die Verlängerung der Agonie

Moni hat aufgegeben

Mein Gesicht für "Corona"

Hat einfach aufgehört zu leben

Ist nicht mehr erwacht aus dem Koma

Sechs Oldies im CJA

Im "Club der jungen Alten"

Reden – Reimen – Trauern - Spaß

Corona hat DICH von uns abgespalten

Ihr beklagt das alte Jahr

Für mich war es ein Abenteuer

Und es war gut – egal wie es war

Die Chancen für alle waren ungeheuer

Euch war klagen wichtiger

Ihr wisst was Leben bedeutet

Jammern macht es nicht richtiger

Ihr habt ein ganzes Jahr vergeudet

Geimpft wurde ich gestern

Mit Serum zur immunen Stärkung

Die Nebenwirkungen sind Schwestern

Denn das Immun-System zeigt Wirkung

Ich warte auf mein Fieber

Etwas Frost der mich schüttelt

Impfung statt Corona ist mir lieber

Und Wissenschaft die Wissen vermittelt

Chancen hatten wir genug

Doch haben wir nicht zugehört

Wir waren gierig und waren nie klug

Wir haben den blauen Planeten zerstört

Wir beherrschen die Welt

Doch stirbt in der Welt zuerst

Da – wo nur das Überleben zählt

Wer das Herrschen nicht beherrscht

Heute in Corona-Zeiten

In denen man in Blasen lebt

Kann sich gründlich vorbereiten

Der Trottel der nach Meinung strebt

In weltweiter Pandemie

Ist doch das eigene Problem

Wichtiger als Jobs und Pharmazie

Und es sollte im Mittelpunkt stehen

Denke ich an den Untergang dieser Welt

Dann denke ich an Elend und an Not

Ich weiß ich bin kein Superheld

Ich wäre sehr ungern tot

Doch mach ich kein Getue

Verliert die Erde Zeit und Raum

Dann weiß ich was ich niemals tue

Niemals - pflanzte ich einen Apfelbaum

Covid - Geburtstag ist fade

Dürfen die kommen - die ich mag

Ich lade die - die ich immer einlade

Zum stündlich getakteten Besuchertag

Laufend werde ich beschenkt

Sehr freundlich und mit Eloquenz

Hab ich es in richtige Bahnen gelenkt

Wär ich der Papst - wär's eine Audienz

Helau - heute ist Karneval

Die Narren grölen schon wieder

Straßen so leer wie die Bütt im Saal

Doch die Narren – sie singen keine Lieder

Narren die heute grölen

Tun es nur aus Hass und Wut

Denn das Grölen aus vielen Kehlen

Macht diesen ängstlichen Narren Mut

Vögel füttere ich gerne

Baue ihnen eine Futterstation

Ich biete ihnen Wasser und Kerne

Stolz denke ich – dann kommen sie schon

Der Bau auf dem Balkon

Vogelhaus "summa cum laude"

Da kommt der erste Vogel schon

Und scheißt auf den Balkon – die Taube

Sehe ich Tauben oder Ratten

Seh ich nichts Böses in den Tieren

SIE sind nicht da um uns auszurotten

Genauso wenig wie Bakterien und Viren

WIR machen den Unterschied

WIR alle sind Richter die richten

WIR sind in der Kette das einzige Glied

Was gegen uns ist werden wir vernichten

Dies Jahr wird zum "Corona – Jahr"

Menschen kreischen: "Katastrophe"

Manches ist Lüge - einiges wahr

Es gibt Kluge und auch Doofe

Nichts ist mehr so wie immer

Corona trifft uns wie ein Hammer

Doch jeder kleine Krieg ist schlimmer

Am meisten nervt mich das Gejammer

Es gibt seit Corona in meinem Umfeld

Menschen - die leben in fiktiver Umwelt

Bevor sie sich in mein Leben begeben

Ziehe ich es vor ganz alleine zu leben

Querdenken ist nur etwas für Denker

Es scheitern daran sogar Staatenlenker

Häufig schaffen sich diese Beknackten

Keine Meinung - sondern eigene Fakten

Lehrer sollten lehren

Viel zu viele wollen es nicht

Es liegt ihnen eher zu belehren

Gern sonnen sie sich im Covid-Licht

Politiker sollten lenken

Um unser Wohl sich sorgen

Viel zu viele die an SICH denken

Ehrliche Politiker sind ausgestorben

Holy Corona Christmas

Weihnachten wie ich es mag

So friedlich und erholsam ist es

Fast so wie ein ganz normaler Tag

Dem Konsumterror Ade

Ganz ohne Stress und Streit

Weihnachten tut nicht mehr weh

Lang lebe die schöne Corona-Zeit

Corona hat gute Seiten

Starke helfen den Schwachen

Man kümmert sich in diesen Zeiten

Und Pflegeberufe werden Ehrensachen

Kleider werden enger

Masken werden Massenware

Ungeplant wird manche schwanger

Und Beatles-Fans wachsen die Haare

Nun bin ich Geimpfter

Heut war es endlich so weit

Ein Ausgelachter und Beschimpfter

Ich bin die Leugner entsetzlich leid

Alufolie auf dem Kopf

Und tief drinnen ihre Lügen

Ich wünsche jedem armen Tropf

Dass ihn - bei Bedarf - die Ärzte mögen

Heute sind gar keine Vögel zu sehen

Ich glaub fast die Welt geht unter

Ich könnte die Welt verstehen

Wir ziehen sie tief runter

Wie wäre deine Reaktion

Würdest du vielleicht versagen

Wär das Ende der Menschen schön

Könntest du die Apokalypse ertragen

Deutschlands politische Führungseliten

Von Kanzlerin bis zu Länderchefs

Sie diskutierten und berieten

Über den Corona-Stress

Beschlossene Beschlüsse

Galten nicht mal für Stunden

Hastige - dilettantische Ergüsse

MEIN Vertrauen – es ist verschwunden

246

Sehr alt zu werden

Machte mir keine Angst

Nicht mehr Alt zu werden

Das ist es - wovor mir bangt

Wir spielen Dramen

Und waren niemals fair

Seit wir die Erde einnahmen

Ist Altwerden keine Frage mehr

Dies

und

Das

Dass ich nun nicht mehr dichte – war

Mein Vorsatz für das neue Jahr

Kaum war er ausgesprochen

Habe ich ihn gebrochen

Tausend Texte sind genug

Und der Vorsatz war auch klug

Doch ganz egal ob ernst ob heiter

Der Bauch - er dichtet einfach weiter

Wer weiß wie ich schreibe

Wer kennt schon meine Nächte

Die Nächte in denen ich wach bleibe

Sie treiben mich - die dunklen Mächte

Sie zwingen mich zur Eile

Irgendwann werde ich verrückt

Dann laufe ich fast für jede Zeile

Vom Bett zum Computer – und zurück

Angela – ich könnt heulen

Das habe ich nicht erwartet

Auch mit MEINEN Vorurteilen

Bist du als Kanzlerin durchgestartet

Ich bin ein Sozi – Angela

Und konnte dich nie wählen

Weil christliches nie wählbar war

Heute weiß ich – du wirst mir fehlen

Was du nicht willst dass man's dir tu

Das füg' auch keinem andern zu

Menschenrecht ist schlicht

Einige verstehen nicht

Missbrauch von Macht

Damit kein Volk je erwacht

Machthaber kämpfen auf Dauer

Für Männchenrechte und Frauenaua

Der Mini so kurz

Wie ein Lendenschurz

Wer erfand dies Gewand

Mary Quant – Mary Quant

Dann die "Pille"

Und der freie Wille

Und endlich freier Sex

Und heut - Pornos im Netz

Es gibt den Eindruck auf den ersten Blick

Ganz selten wird er sich verändern

Ob jung - alt - schlank - dick

In fast allen Ländern

Ich sah den alten Mann

'Versager' hätte ich gewettet

Als er sein Leben erzählte – dann

Erfuhr ich 'Er hatte die Welt gerettet'

Mein Wirt ist ein guter

Was er tun muss – tut er

Komme ich in seine Wirtschaft

Tut er - was nur ein Wirt schafft

Mein Wirt der mag mich

Denn der beste Gast bin ich

Doch sehe ich ihn mal irgendwo

Erkennt mich mein Wirt nirgendwo

Manche haben Humor

Den nur sie selbst begreifen

Oder Witz - dann kommt es vor

Sie lachen um zur Pointe zu leiten

Ironie ist ihre Phobie

Sarkasmus eine Perversion

Makaber das ist Hexerei für sie

Und Zynismus nur eine alte Religion

Drogen zerstören uns

Trotzdem sind sie erlaubt

Alkohol trinken Hinz und Kunz

Bis er ihnen die Gehirnzellen raubt

Regierungen verkaufen

Bier und Wein und Nikotin

Wir sollen rauchen und saufen

Der Staat verdient nicht am Kokain

Raucher sind Minderheiten heute

Ob Pfeife Zigarre oder Fluppe

Gelten als gestörte Leute

Oder als Terrorgruppe

Ich war auch Raucher

Hab gesoffen und gekifft

Und als guter Endverbraucher

Hab ich es genossen – dieses Gift

Wir müssen und werden es besser machen

Dieselben Sprüche nach jedem Spiel

Zum Weinen oder zum Lachen

Ohne Biss - ohne Profil

Kollaterale Dauerbrenner

Ganz ohne Konzept und Idee

Ein eitler Pfau als Fußballtrainer

Augen zu und durch – lacht der D F B

Du weißt den Tag nicht – nicht die Stunde

Nicht die Minute – nicht die Sekunde

Und auch nicht ob er böse ist

Wütend voller Hinterlist

Ist der Teufel widerlich

Schießt er mit Hexen auf dich

Es ist sein teuflischer Entschluss

Hinterrücks trifft er - der Hexenschuss

Ich sitze hier draußen

Und all das was ich schaue

Sind meine Eindrücke von außen

All das Dumme und all das Schlaue

Ich bin gerne hier

Und ich lese und schreibe

Manche Leute schauen zu mir

Doch zeig ich keinem wie ich leide

'Verloren' ist nur ein Wort

Einer hat sein Leben verloren

Ein anderer verliert beim Sport

Doktortitel verlieren ihre Doktoren

Einer verliert die Geduld

Oder Wurzeln im Heimatland

Andere verlieren ihre Unschuld

Viel zu viele verlieren den Verstand

In meiner süßen Biene

Meiner wunderschönen Ape

Erhellt sich schnell die Miene

Wird aus mir als Mann ein Knabe

In meiner Calessino

Mit Spaß und ohne Panne

Meinem Piaggio – Ape - Dino

Werd ich gern zum Kind im Manne

265

Ich könnte kotzen

Was für eine Arroganz

Wenn Besserwisser protzen

Ein Lehrerspruch par excellence

Ein Satz steht fest

So überheblich und flach

Der die Augenhöhe verlässt:

"Denk mal darüber nach... "

Einige kann ich sehen

Die blind durchs Leben irren

Niemals werd ich es verstehen

Leben ohne Sichtkontakt zu führen

"Ohne" sind sie schön

"Mit" würden sie sich hassen

Nie soll man sie mit Brille sehen

Blinzelnd ziehen sie ihre Grimmassen

Ich hasse die Gewalt

Sogar Gewalt gegen Polizei

Und das Geschwätz ohne Gehalt

Wie 'Respektlosigkeit gegen Bullerei'

Vor mehr als 30 Jahren

Seit Wackersdorf ungefähr

Haben wir Polizeigewalt erfahren

Respektlos waren die Bullen viel eher

Ich bin einem Rätsel auf der Spur

Und verstehe es nicht immer

Anscheinend gibt es nur

Loser oder Winner

Einer ist als Zweiter

Erster Verlierer schon

Platz 100 nimmt es heiter

Er ist ein Sieger beim Marathon

Ob lästige Kinder oder alte Leute

Ich war da für Reich und Arm

Nie ging es um fette Beute

Ich nahm es wie es kam

Als Teil der Genesung

Und vielleicht der Therapie

Manchmal eine familiäre Lösung

Ich bin Auftragskiller mit Fantasie

Neuer Morgen

Neue Möglichkeiten

Nichts daraus geworden

Alpträume die sich verbreiten

Ein neues Jahr

Hoffnungen versagen

Enttäuschungen sind da

Um das Versagen zu beklagen

Hitlers gibt's in jedem Land

So viele wie am Meer den Sand

Meist leben sie in den Psychiatrien

Da sind sie zu Haus - ihre Phantasien

Sie gehören weggesperrt

Ihr Leben ist völlig ohne Wert

Hitlers taugen nicht für die Politik

Nur Narren lieben den totalen Krieg

Breitbeinig geht er

Ganz anders als gestern

So locker und lässig steht er

Fast wie John Wayne im Western

Der Blick zum Horizont

Niemand schüchtert ihn ein

Fast so stark wie Mister Bond

Er hat den "Kleinen Waffenschein"

Menschen aus der Familie der Prahler

Helfen gerne und reden darüber

Verpassen keine Charity-Gala

Empathie kommt rüber

Beifall und Befriedigung

Dafür leuchten sie wie Sterne

Ihr Flutlicht ist die Bewunderung

Und wir dienen nur als kleine Laterne

Nie werd ich verstehen

Dass einige Beifall klatschen

Und für die Todesstrafe stehen

Wenn sie von Gerechtigkeit schwatzen

Morde durch Obrigkeit

Juristen töten auf Wunsch

Macht ist es - Unmenschlichkeit

Doch selbst Hitler war nur ein Mensch

Man plaudert lächelnd über Abtreibung

Für einen Abort ein elendes Wort

Die heimtückische Entleibung

Ist vorsätzlicher Mord

Abtreibung ist strafbar

Sie wird nur nicht verfolgt

So wird eine Straftat machbar

Und nur im Notfall auch ein Erfolg

Bis alles sich dreht zu fabulieren

Arroganz liegt in deinem Blick

Reden nur um zu brillieren

Dein Stück vom Glück

Klug willst du scheinen

Darauf läuft alles hinaus

Manchmal seh ich dich weinen

Deine Bewunderer sterben aus

Kleiner Hund mit großer Klappe

Trifft großen Hund mit viel Geduld

Weil der Kleine die Geduld nicht hatte

Versucht es der bald - mit roher Gewalt

Geduldsfäden waren gerissen

Der Große plant nun den Overkill

Gepackt – geschüttelt - zugebissen

Der Kleine war tot – und nun mäuschenstill

"Mein" Duden verfällt dem Gender-Wahn

Sprachwissenschaftler sind entsetzt

Ganz ohne Not und ohne Scham

Von Ideologen aufgehetzt

Duden wird zum Macher

Die Instanz hat abgeschworen

Der Beobachter wird Verursacher

"Mein" Duden hat die Kompetenz verloren

Täglich lese ich Zeitung

Sie kommt pünktlich und digital

Die analoge Nachrichtenverbreitung

Wurde mit den Jahren wohl diametral

Ich sehe einen Bildschirm

Und ich bewundere mich dann

Wie kommt ein Ereignis in mein Hirn

Sodass der Verstand es begreifen kann

Das neue Dach

Mit alten Tauben

Bleibt neu nur danach

Wenn es Tauben erlauben

Aus dem Haus

Mit Schimmelpilz

Kommt keiner heraus

Außer der Schimmel will's

Was geschieht wohl mit einem Traum

Aus dem die Träumer erwachen

Wechseln Träume den Raum

Lassen sie es krachen

Beendet ein anderer meinen Traum

Wird ein anderer weitergeliebt

Kann ich dem vertrauen

Der Träume vergibt

Manchmal hatte ich zu sehr vertraut

War viel zu freundlich und offen

Hatte auf Loyalität gebaut

Wurde hart getroffen

Manchmal überlege ich

Hätt ich es anders gemacht

Was wär geschehen und was nicht

Hätt es ein besseres Leben gebracht

Manche suchen ihr Leben bei Prominenten

Sie glauben das wären die Intelligenten

Machen sie zum Lebensmittelpunkt

Bis zur Selbsterniedrigung

Promis genießen das gerne

Weit weg von Fans - in der Ferne

Doch wissen wir nicht erst seit gestern

Promis und Verstand waren nie Schwestern

Ich machte meine Steuer

Und der Abend war beschissen

Steuern erscheinen ungeheuer teuer

So gerne würde ich mich jetzt verpissen

Gelangweilt stellte ich den Fernseher an

Ich ließ den Abend nicht verstummen

Heiße Tränen vergoss ich dann

Ich liebe "Pretty Woman"

Dienstag bin ich zu Haus

Ich verschließ all meine Türen

Niemand kommt hier rein und raus

Ich möchte Besucher nicht verführen

Mit Schampus sitz ich hier

In meiner schönen heilen Welt

Es macht Spaß - es ist keine Gier

Denn Dienstag zähl ich immer mein Geld

Manchmal bin ich traurig

Und ich weiß nicht mal warum

Manchmal ist die Stimmung schaurig

Und schlechtgelaunt schleich ich herum

Fliegen stören an der Wand

Und dunkel ist meine Gesinnung

Ich nehm den Bleistift in die Hand

Und schreibe über schlechte Stimmung

Wie kannst du nur sagt ein Freund zu mir

Du darfst bei Amazon nicht bestellen

Die zahlen nicht mal Steuern hier

Die wollen die Zeche prellen

Ich staune nur und frage

Bin ICH der Wirtschaftsweise

Bin ICH Minister für die Finanzlage

Und DU zahlst Bauern weiter Billigpreise

Ich wohn hier nun 1/4 Jahr

Trotzdem ist es heut noch wahr

Auf meinem Weg zum Badezimmer

Verlaufe ich mich nachts noch immer

Automatik aus den Jahren

Will die Erfahrungen verwahren

Aus Vorsicht und auch auf Verdacht

Versperre ich die Wohnung - jede Nacht

Ich las aus meinen schmutzigen Reimen

Gern alten Frauen und Männern vor

Lesungen in Seniorenheimen

Alle waren sie ganz Ohr

Später sollte ich dann

Zu Kaffee und Kuchen bleiben

Und am Abend - so dann und wann

Durfte ich sogar Autogramme schreiben

Dallos

Dichtungs Dinge

ISDN: 978-3-7460-9634-6

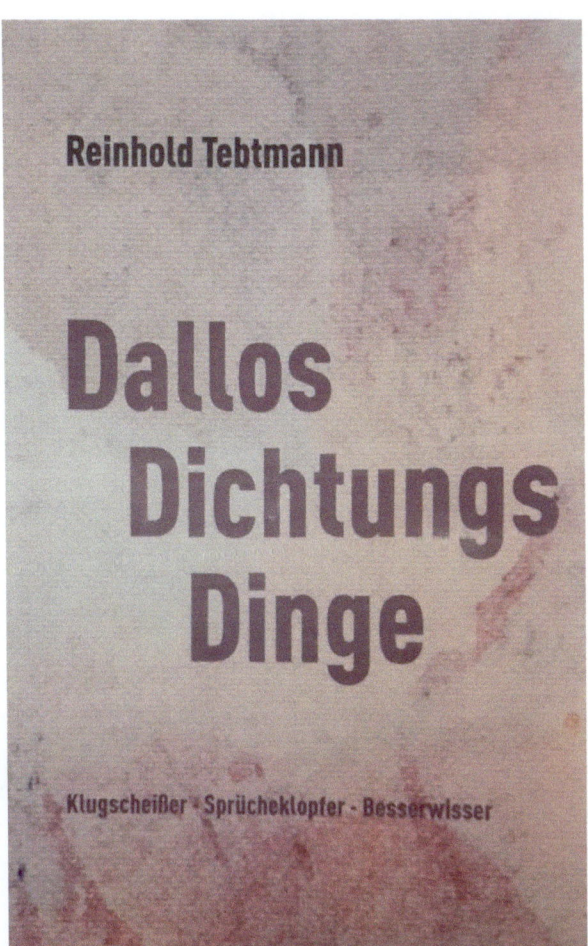

Reinhold Tebtmann

Dallos
Dichtungs
Dinge

Klugscheißer · Sprücheklopfer · Besserwisser

293

Dallos

Gereimtheiten

©2019 Reinhold Tebtmann

ISDN: 978-3-7412-1019-8

Dallos
Gereimtheiten

Reinhold Tebtmann

Dallos

Gehirnzeilen

©2020 Reinhold Tebtmann

ISDN: 978-3-7526-2353-6

Reinhold Tebtmann

Dallos
Gehirnzeilen